ACADÉMIE DES SCIENCES, AGRICULTURE, ARTS
ET BELLES-LETTRES, D'AIX

LES INCUNABLES DE LA MÉJANES

RAPPORT de M. Gustave MOURAVIT
ET VŒU DE L'ACADÉMIE

(SÉANCE DU 18 MARS 1889)

AIX-EN-PROVENCE
ILLY-BRUN, IMPRIMEURS DE L'ACADÉMIE
Rue Manuel, 20
1889

LES INCUNABLES

DE LA MÉJANES

ACADÉMIE DES SCIENCES, AGRICULTURE, ARTS
ET BELLES-LETTRES, D'AIX.

LES

INCUNABLES

DE LA MÉJANES

RAPPORT de M. Gustave MOURAVIT

ET VŒU DE L'ACADÉMIE

(SÉANCE DU 18 MARS 1889)

AIX-EN-PROVENCE
ILLY-BRUN, IMPRIMEURS DE L'ACADÉMIE
Rue Manuel, 20
1889

LES INCUNABLES DE LA MÉJANES

MESSIEURS,

Nous avons eu, dans notre dernière séance du 11 mars, un véritable régal de bibliophiles. J'aurais voulu que notre Académie tout entière se trouvât réunie, pour assister à la communication, je devrais dire plutôt à la révélation que lui a faite notre laborieux et savant collègue, M. F. Vidal.

L'Académie a pensé que vu l'importance du sujet traité par notre confrère, les conclusions qui terminent son travail ne pouvaient rester sans écho. Elle a nommé une commission chargée d'examiner ces conclusions et d'émettre, suivant les résultats de cet examen, un vœu que notre souci de tout ce qui intéresse et peut illustrer notre chère cité Aixoise, nous a, vous le verrez, bien naturellement dicté.

M. Vidal a eu la pensée de rechercher dans le riche dépôt dont il est un des conservateurs zélés, ces premiers produits de la typographie, que dans la technologie bibliographique on a désignés sous le nom d'*Incunables*.

Ces recherches ont eu un résultat superbe ; car, en se limitant à la dernière année du XVe siècle, notre confrère a trouvé à la Méjanes environ deux cents volumes qui se rattachent tous, et par des produits dont quelques-uns fort précieux et la plupart très honorables, à la grande et belle famille des œuvres des premiers maîtres, des premiers apôtres de l'art qu'on a pu, sans exagération, appeler un art divin [1].

Félicitons doublement M. Vidal de ses recherches. D'abord elles nous révèlent, tout à notre portée, un champ d'études vaste et curieux qui n'a probablement pas de rival dans notre région ; ensuite, elle lève un coin du rideau sur cette splendide collection qu'on appelle la Méjanes, honneur de tout notre Midi, et, en particulier, de notre ville d'Aix, qui, avouons-le, ne s'est pas montrée jusqu'ici assez jalouse de se parer de cet incomparable joyau [2].

Le relevé qu'a fait M. Vidal apporte la lumière sur un

---

(1) J. de la Caille, dans son *Hist. de l'Impr.* 1689, in-4°, p. 2. — Dès 1460, J. Temporarius écrivait de sa main sur un exemplaire du *De Officiis* de Fust et Schoiffher (1456) : « Typographia donum Dei præstantissimum. » *(Bull. du bibl.*, 9e sér., p. 237.) Cf. J. André, dédicace des *Epîtr. de S. Jérôme*, édit. de Rome, 1468.

(2) La Méjanes n'a pas encore vu entreprendre son catalogue imprimé.

des côtés les plus importants, les plus dignes d'intérêt de notre grande bibliothèque.

De tout temps, Messieurs, on s'est préoccupé des premiers produits de l'art typographique. On s'est porté à leur étude approfondie avec une ardeur dont témoignent près de cent écrits spéciaux et techniques, rédigés dans presque tous les centres intellectuels de l'Europe. Depuis Joseph Saubert [1] et Beughem [2], que de beaux et admirables travaux ont été accomplis sur les incunables par Maittaire, Panzer, Laire, de la Serna Santander, Née de la Rochelle, Hain, Vogt, Audiffredi [3] ; et, plus près de nous, par Van Praët, Renouard, Reichhart, Amati, Helbig, Aug. Bernard, Berjeau, Pierre Deschamps, Paul Madden, Gustave Brunet ; sans compter les recherches locales qui se sont multipliées, particulièrement en France, avec une très remarquable émulation, presque sur tous les points du territoire. Laissez-moi vous citer celles de M. Péricaud, pour Lyon ; de M. Ed. Frère, pour Rouen et la Normandie ; de M. Beaupré, pour Verdun et la Lorraine ; de Gaullieur et de Guill. Favre, pour Genève et la Suisse (bibliographiquement c'est presque encore la France) ; de M. Corrard de Breban, pour Troyes et la Champagne ; de M. Ferdin. Pouy,

(1) Son hist. de la Biblioth. de Nuremberg (1643, in-12) contient, à la suite, un *Catal. libror. proximis ab inventione typographiæ annis usq. ad ann. 1500 editor., et in biblioth. noribergensi extansium.*

(2) *Incunabula typographiæ.* Amstel., 1688, p. in-12.

(3) *Catal. romanorum editionum sæculi XV.* Romæ, 1783, in 4° ; — ejusdem *Catal. editionum italicarum sæc. XV.* Romæ, 1794, in-4°.

pour Amiens et la Somme ; de M. Jules Delpit, pour Bordeaux et la Guyenne ; de feu Desbarreaux-Bernard, pour Toulouse et le Languedoc ; de la Société des Bibliophiles Bretons, pour la Bretagne, etc. et cinquante etc. Permettez-moi, Messieurs, de regretter qu'aucun de ces etc. ne laisse dans l'ombre un ouvrage sérieux, du mérite de ceux que je viens de signaler, touchant la Provence. C'est une lacune que devrait combler un de nos confrères ou associés.

Il y a donc eu un grand mouvement de travailleurs et de chercheurs autour des premiers monuments de la typographie. Et cela s'explique aisément : car, au point de vue de l'histoire de ce grand art et des arts nombreux qui s'y rattachent, comme au point de vue purement littéraire et scientifique, il y a là une ample matière à des découvertes du plus haut intérêt.

Les premiers produits dans lesquels s'est incarnée la sublime invention de Gutenberg ont été les chefs-d'œuvre de la pensée humaine, les livres qui gardaient le dépôt des conquêtes de la science religieuse, de la morale, de la philosophie, de la politique, de toutes les sciences et belles-lettres, de tout ce qui fait et conserve la vie supérieure de l'homme. *Vitæ lampada tradunt.* Ces presses, si rudimentaires à leur origine, si parfaites au lendemain même de leur application, elles devaient, par un de ces miracles de la Providence qui arrivent à leur heure dans les destinées de l'humanité, procurer un refuge et assurer l'immortalité, contre toute attente, à cette phalange grecque qui fuyait, au même temps, exilée pour jamais par la barbarie musulmane et emportant avec elle les derniers restes de ce que le monde antique avait connu de plus parfait dans la culture intellectuelle. Merveilleuse coïncidence qui allait improviser, avec la complicité inconsciente du magicien de Mayence et de « ses gens de métier » (comme on disait en ces bienheureux temps de simplicité), l'avènement du monde moderne [1].

Donc, quelle fascination, j'allais presque dire quelle émotion n'éprouve-t-on pas, quand, tirant de leurs rayons ces muets et antiques témoins, on les évoque à la vie par un autre miracle — à la portée des simples bibliophiles celui-là, — et qu'on ranime par la pensée toute cette vaillante armée qui a porté à travers l'Europe ses victoires aussi paisibles qu'à tout jamais assurées. Au premier signal, au premier coup de foudre (car ce fut un coup de foudre, comme l'a justement remarqué un historien du livre), les quartiers généraux et les cadres furent partout à la fois organisés, et les chefs, comme s'ils avaient obéi à un mot d'ordre, ou mieux à une sorte d'instinct prophétique, se jetèrent surtout dans cette Italie où venaient d'aborder les Lascaris, les Chrysoloras, et tant d'autres réfugiés grecs.

Dans la période où se renferment les recherches de M. Vidal, 212 villes donnèrent asile aux maîtres de l'art nouveau. Mais cette merveilleuse ubiquité de l'invention de Gutenberg ne doit pas seule attirer les hommes d'étude.

---

(1) Les faits qui amenèrent l'exode des imprimeurs mayençais, quand prirent fin, en 1462, les luttes de l'archevêque Thierry II et d'Adolphe de Nassau, sont très bien racontés par M. Madden, et par Delécluze dans son *Gutenberg* (in-8°, p. 25-27). Cf. le beau et sérieux livre de T.-H. Verdière, *Essai sur Æneas Silvius Piccolomini*, 1842, in-8°, p. 88 et 113.

Après la surprise et l'admiration, on éprouve le besoin de porter les enquêtes de la science dans cette œuvre immense accomplie par les premiers typographes. Et alors, on voit que les incunables sont autre chose que des œuvres surannées, monuments vénérables d'une découverte qui a renouvelé le monde : ce sont des livres devenus aujourd'hui, pour la science bibliographique, d'une réelle importance et du plus puissant intérêt.

Je ne m'arrête pas à la perfection si remarquable et si subite de la forme, aux mille interrogations que posent la qualité des encres et du papier, l'ornementation, les énigmes de certains procédés qui, une fois leur mot trouvé, solutionnent les discussions de dates, de lieux et de personnes, dans les questions d'état-civil des premiers livres imprimés. Mais j'insiste :

Premièrement, sur l'importance et l'intérêt particuliers des préfaces, épîtres, dédicaces, pièces liminaires et finales de toute nature, destinées à mettre en relief l'œuvre de l'éditeur dans les incunables. On peut voir dans la savante monographie sur Alde Manuce, le parti que Firmin-Didot a su en tirer. La valeur de cette partie documentaire des incunables a été si bien comprise en Angleterre, qu'un recueil spécial, devenu rare, lui a été consacré [1].

Secondement, sur les corrections, sur les révisions multipliées et souvent méticuleuses que les premiers imprimeurs ont fait subir à la composition de leurs livres, et dont on a relevé des traces, fort instructives, jusque dans une même

(1) Botfield, *Præfationes et Epistolæ*, etc. (Cambridge, 1861, in-4°).

édition. Et, à ce propos, je crois devoir rappeler que notre confrère M. Vidal nous a, dans son travail, fort agréablement rapporté l'épigramme mille fois citée [1] de Pons (de Verdun) contre les bibliophiles. Ceux-ci sont gens de bonne composition : aucun d'eux n'a songé à relever le gant. C'est très digne. Mais je ne puis m'empêcher de faire entendre ici la protestation, presque indignée, qui s'échappe à travers les feuillets de nos vénérés incunables. Tout d'abord, sans foudre, ni renflement de voix, je note que notre frondeur est un de ces charmants et légers chanteurs qui prennent des rimes à la pipée. Il sifflotte très gentiment sa petite malice. Mais, — sans malice — je crois que ce n'est qu'une chansonnette d'étourneau. Je ne suis pas seul de cet avis : je l'ai dit, tous nos incunables protestent. En effet, c'est précisément l'absence ou la présence de certaines fautes d'impression dans leurs textes, qui permet de résoudre les questions d'antériorité si suggestives dans l'histoire des origines typographiques. Pour assigner l'ordre, le lieu, l'atelier même de publication des monuments de l'imprimerie à ses débuts, les maîtres les plus récents et les plus sagaces vous diront : la faute, cherchez la faute ! L'*heureuse* faute, c'est le plus sûr, parfois c'est l'unique criterium. Quelle importance scientifique, quelle valeur vénale par suite — en dehors même

---

(1) Je la dépose ici, au sous-sol :

C'est elle ! Dieu que je suis aise !
Oui, c'est la *bonne* édition :
Voilà bien, pages neuf et seize,
Les deux fautes d'impression
Qui ne sont pas dans la *mauvaise* !

de celles qu'ils tiennent de leur rareté — peuvent acquérir à juste titre ces volumes avec *faute d'impression*, devenus dès lors doublement précieux. Voilà donc l'épigramme du pauvre Pons (de Verdun) réduite à un jeu de mot puéril et irréfléchi. Rassurons-nous, mes chers confrères en bibliophilie ; rions à notre tour ; et, pour toute vengeance, à voix basse même, si vous le voulez, pour ne pas soulever les clameurs de nos aimables siffleurs et persifleurs que nous ne pouvons avoir la prétention de convaincre, répétons entre nous : « Pons (de Verdun) a dit une sottise ! »

Et maintenant, je ferai volontiers cette remarque capitale que, dans les incunables, on retrouve le calque fidèle, et en même temps très instructif et très curieux, des manuscrits [1] qui jusqu'alors avaient été les seuls et bien précaires véhicules des œuvres de l'esprit [2]. Les incunables, en effet, ont tout d'abord été des sortes de fac-similé des textes paléographiques, et les premiers imprimeurs se sont

---

(1) On sait avec quel soin religieux les manuscrits étaient reproduits, les épreuves revues. Les réviseurs de textes, les correcteurs s'appelaient alors : U. Bolzani, Démétrius Chacondylas, Marc Musurus, Erasme, Jean Bade !

(2) Il faut lire dans l'admirable lettre du card. Bessarion, quand il donna sa bibliothèque à la cité de Venise, à quelles terribles préoccupations il avait obéi (*vehementissime formidabam)*, alors que la difficulté de multipler suffisamment les copies faisait prévoir l'imminente disparition des grandes œuvres de l'esprit humain. Il se faisait, en cela, l'écho des sollicitudes de saint Louis, manifestées jusque dans son testament et qu'Æneas Silvius, depuis pape sous le nom de Pie II, — ce pape que Sismondi appelle « l'homme le plus libéral de son temps, » — exprime à son tour dans sa *Cosmographie*. Entre ces deux grandes voix, on avait pu entendre celle de Pétrarque et ses éloquentes indignations contre l'insuffisance des copistes (*de Remediis utriusque fortunæ*, pr. part., c. 43). C'était le sentiment de tous les hommes studieux, et voilà pourquoi, partout et à l'envi, on travailla fièvreusement à la diffusion de l'art nouveau.

longtemps appliqués, dans l'intérêt de l'exploitation lucrative de leur découverte, à reproduire la physionomie des manuscrits qu'ils avaient sous les yeux [1]. Cette remarque fournit même un excellent moyen de classer, avec quelque certitude, les plus anciens incunables, très souvent non datés. Au début de l'imprimerie, point de titre (le *premier* volume avec titre n'a paru à Venise qu'en 1476) [2]; point de pagination ; rien de ces repères qu'on a appelés *réclames* et *signatures*. Alors on trouve vide la place des initiales des chapitres et des autres divisions du livre, car (de même que dans les manuscrits) on laissait libre cet espace à la main du rubricateur ou du miniaturiste. Ajouterai-je que dans les incunables on rencontre de précieux éléments d'étude pour le grand art de la gravure, si merveilleux dans ses transformations ? Je note en passant que le *premier* livre avec gravures (encore bien grossières) est le *Meditationes* de Torquemada, édité par Ulrich Hahn en 1467 [3] : qu'on est loin de la perfection qui se verra, dès la fin du siècle,

---

(1) Walkius (*Decad. fabul. gener. hum.*, Strasb., 1609, 4°, p. 181) a raconté comment J. Fust, venu à Paris pour écouler les impressions mayençaises, réussit d'abord pleinement à donner le change ; mais bientôt la constatation de l'identité des exemplaires découvrit la fraude et lui suscita un long procès.

(2) C'est le *Calendario* de Jean de Monteregio, in-f°.

(3) Réimprimé plusieurs fois à *Rome*, au 15e s.; ce sont, dit M. Didot, à propos de cette édition, les *premiers* bois qui aient figuré dans un livre imprimé en Italie. (*Catal. raisonné ;* liv. av. fig. s. bois, 1867, in-8°, col. CXI). Le même bibliographe constate dans son *Essai sur l'hist. de la grav. sur bois* (1863, col. 49, 207, etc.) que les *premiers* livres français imprimés avec figures, sont : sans date (Lyon, vers 1476) *l'Abuzé en cour ;* avec date, à l'étranger (Genève, 1478) *Mélusine ;* en France (Lyon, 1479) *le Miroir de Rédemption*. Il relève, en outre, ce fait curieux que, pour la décoration de leurs livres illustrés, les premiers imprimeurs se communiquaient libéralement leurs gravures, encadrements, lettres ornées, etc.

à peine trente-deux ans plus tard, dans l'*Hypnerotomachia* de Poliphile ! Au reste la typographie devait sa naissance à la gravure ; mais elle n'a pas été une fille ingrate.

Tous les considérants qui précèdent trouvent leur application, Messieurs, dans les deux cents incunables catalogués par notre zélé confrère. Vous allez vous en convaincre bientôt. Mais, auparavant, permettez-moi de faire une remarque aussi singulière qu'essentielle à mon sujet. Grâce aux travaux des bibliographes, on a pu préciser le chiffre des œuvres mises en lumière par la prodigieuse activité des premiers imprimeurs. Petit-Radel, dont je résume ici les recherches, établit que, de 1467 à 1500, on compte 14,750 éditions d'ouvrages divers publiés en Europe. Vous verrez tout à l'heure comment et sur quels genres de livres se portaient les préférences et le goût du public. Dans cette production, Venise tient la tête avec 2,978 éditions ; vient ensuite Rome avec 972 éditions ; puis, avec 789, Paris qui est suivi de Strasbourg avec 298 éditions seulement, et qui, dès le début du XVIe siècle, prendra le premier rang en conquérant d'immenses avantages sur Venise même. Soyons-en fiers, Messieurs, mais modérons notre fierté en constatant l'indifférence avec laquelle on a contemplé chez nous cette magnifique explosion de l'activité des typographes des premiers âges. On sait, en effet, à peu près exactement, ce que possèdent d'incunables les bibliothèques de l'étranger. Il y a depuis longtemps des inventaires spéciaux, comme ceux des collections de Nuremberg, d'Ingolstadt, de Florence, de Naples, et, en particulier, de La Haye, qui montre avec orgueil les quinze cent soixante-dix-neuf incunables catalogués de sa bibliothèque publique et du Musée incunabulique fondé par Tiellandt [1]. Chez nous aussi il y a eu des Tiellandt : le duc de la Vallière ; le marquis de Méjanes ; Mac-Carthy, dont la collection cataloguée en 1816 par les frères De Bure a été malheusement dispersée ; le comte de Boutourlin ; Cigongne, — c'est-à-dire le prince des bibliophiles, Mgr le duc d'Aumale qui a recueilli ses merveilles bibliographiques et, comme notre Mis de Méjanes, en a fait le patrimoine de la France intellectuelle. Mais, sauf peut-être le relevé des incunables de la bibliothèque Sainte-Geneviève à Paris, autrefois dressé par ce savant encyclopédique qui a nom Daunon (encore son travail est-il resté inédit), nous n'avons point d'inventaires spéciaux des incunables possédés par nos grandes bibliothèques françaises [2].

Toutefois on commence à sortir de cette indifférence ; le goût des sciences historiques, le désir de sauver les documents qui peuvent servir à étendre leurs limites ou à reformer la chaîne des faits, ont suggéré d'heureuses mesures d'investigation et, en même temps, de préservation.

La protection gouvernementale qui s'est étendue si complètement à nos dépôts d'archives et à leurs riches épaves, gagne nos bibliothèques publiques et leurs incunables.

---

(1) 652 incunables imprimés dans les Pays-Bas et 928 de provenance étrangère.

(2) Je dois faire une exception pour le beau travail, qui n'est que le début de l'œuvre d'ensemble projetée par le gouvernement français : *Catal. des Incunables de la biblioth. de Dijon*, 1886, in-8° ; description de 198 incunables par *M. Pellechet*. — M. n'est pas ici, comme on pourrait le croire, l'initiale abréviative de *Monsieur*, mais d'un prénom que la charmante modestie de l'auteur veut dérober au public.

Notre Académie doit donc savoir gré à M. Vidal d'être entré dans ce mouvement d'études qui a fixé l'attention du Gouvernement et qui a amené celui-ci, disons-le à son honneur, à provoquer cet inventaire — que M. Gust. Brunet avait demandé depuis plus de trente ans — de toutes les richesses des premiers temps de la typographie dispersées dans les grandes bibliothèques de France.

Dans ce concours de nos dépôts littéraires et scientifiques, une place distinguée appartient à la Méjanes ; M. Vidal a voulu qu'elle lui fût acquise. Nous devons de tout notre pouvoir seconder ses efforts.

Or, après avoir signalé un certain nombre de nos incunables, notre confrère exprime cette idée que, pour donner un nouveau lustre à la bibliothèque qui est, je le répète, une des gloires d'Aix, on groupe au-dessus du vaste meuble qui occupe le milieu de la seconde salle de la Méjanes, la série complète des incunables qu'elle possède.

Vous avez accueilli cette idée avec applaudissement, et l'examen qu'a fait votre commission du travail de M. Vidal confirme pleinement le bien-fondé de la décision prise par l'Académie d'en faire l'objet d'un vœu spécial.

Sans entrer dans les raisons particulières de l'intérêt plus ou moins grand qui s'attache à tels ou tels incunables, laissez-moi, Messieurs, pour vous édifier plus complètement à leur sujet, vous indiquer la valeur qu'atteignent, au point de vue vénal, ces livres véritablement précieux qui avec le temps se feront de plus en plus rares, et dont il importe tant, par suite, d'assurer la conservation.

Il est bon de rappeler ici que, durant les 50 premières

années de l'établissement de l'imprimerie, les tirages des éditions paraissent avoir été limités, comme chiffres extrêmes, entre 250 et 1,000 exemplaires. Or, les livres publiés alors étaient, pour la plus grande part, destinés à un public ou à des groupes avides de s'en nourrir. Ils n'allaient guère au sortir des presses s'enfermer à l'ombre protectrice des armoires de simples amateurs : ils tombaient aux mains laborieuses, peu ménagères et peu déférentes, des *studieux*. On voit quelle doit être leur rareté.

Vous avez ouï parler du *Décameron* de Venise (1471) vendu autrefois 52,000 fr.; mais n'a-t-on pas vu dans une période d'environ vingt ans, en 1864, 1873, 1883 et 1884, des produits de la typographie mayençaise arriver à 15,000 francs (exemplaire défectueux de la *Bible* de 42 lignes) [1] 19,695 fr. [2]; 25,250 fr. [3]; 40,400 fr. [4]; 67,922 fr. 50 ; 85,850 fr. [5]; 99,725 fr. [6]; enfin, 125,010 fr. [7] !

(1) *Bible* dite *Mazarine*. On la croit sortie des presses de Gutenberg et Fust, vers 1455. C'est dans les collections provenant du cardinal Mazarin qu'un exemplaire en fut découvert par Guill. De Bure (V. *Bibliogr. instructive*, t. I, p. 32 et suiv.) La *Bible* de 36 lignes, aussi non datée et imprimée à Mayence, lui dispute la primauté. J.-Ch. Brunet incline en faveur de cette dernière, et M. Paul Madden a presque fait de cette opinion une certitude, dans ses *Lettres d'un bibliographe* (3e série, p. 50 et s.).

(2) *Bible* de Mayence, 1462 (la *première* avec date) ; exemplaire sur vélin de la vente Henry Perkins, en 1873.

(3) *Virgile* de Venise, 1470 (*première* édition avec date ; *Catal., Quaritch*, Londres, 1883).

(4) *Bible* de 1462, ci-dessus mentionnée ; vente Sunderland, en 1883.

(5) Ces deux derniers prix se rapportent à un exemplaire sur papier et un autre sur vélin de la *Bible Mazarine*, vente Perkins.

(6) Même *Bible Mazarine*, exemplaire sur vélin ; vente J.-H. Thorold, en 1884.

(7) Le *Psautier* de Mayence, édition de 1459, dont tous les exemplaires sont

Or, Messieurs, puisque nous sommes lancés dans ces piquantes révélations, voulez-vous savoir ce que valaient en leur temps ces incunables disputés aujourd'hui à coups de billets de banque? A l'heure où l'invention était encore secrète et où l'acheteur pouvait se persuader qu'il avait

---

sur vélin Ce prix peut paraître stupéfiant. Il y a pourtant une édition du *Psautier* de *date antérieure* : c'est le *Psautier* de Mayence, 1457, in-f°, *premier* livre imprimé avec date certaine ; on n'en connait, d'après Brunet, que 7 à 8 exemplaires, dont deux seulement sont complets. L'abbé Rive (*Chasse aux bibliographes mal avisés*, 2e part., p. 339) constate qu'en 1789 ce livre valait en France 5 à 6,000 livres et en Allemagne 10,000 livres. A la vente Mac-Carthy, ce collectionneur émérite d'incunables dont j'ai parlé, le roi Louis XVIII, prélevant sur sa cassette particulière 20,000 francs, donna l'ordre d'acheter l'exemplaire du *Psautier* de 1457 que possède depuis la Bibliothèque Nationale. Les auteurs du Supplément au *Manuel*, qui racontent à ce sujet une anecdote assez piquante, ont pu, sans exagération, évaluer ce rare volume de 150 à 200,000 fr. Il est, du reste, plus séant à nos bibliophiles et plus digne d'eux de reporter ainsi leurs préférences sur les premiers monuments de l'imprimerie, presque tous consacrés aux œuvres et aux croyances qui honorent le plus l'humanité. Bien différents, et l'on pourrait dire bien à l'encontre du but que légitimement doit se proposer la bibliophilie, étaient les goûts des bibliophiles d'il y a quelque cent ans. Le contraste est à noter. Alors les hétérodoxes occupaient les hauts sommets de la Babel des bibliomanes. Exemple, le *Christianismi restitutio* de Michel Servet (1553, in-8°), qui en 1784 se payait 4,120 livres. Encore était-ce bon marché, car l'exemplaire venait du président de Cotte qui, lors du partage de la bibliothèque de Boze, l'avait pris pour 11,000 livres. Or, il faut remarquer que ce volume, ainsi que le constate De Bure (*l. c.*, t. I, p. 419-20), était en partie gâté par la moisissure ! Au même temps, un livre dont il faut parler ici, car il est aujourd'hui aixois, le célèbre *Fléo de la foy* de Geoffroy Vallée, exemplaire *unique* (plaquette in-8°, sans date, de 8 feuillets), après avoir été acquis au prix de 851 livres par le duc de La Vallière, passait chez le marquis de Méjanes. Sur ce livret de haute curiosité, il faut consulter l'*Analectabiblion* du marquis du Roure, et le *Bullet. du biblioph.*, 10e série, p. 612 et suiv.

En rapportant tous ces prix extraordinaires et les autres qu'on rencontrera dans le présent travail, je dois faire remarquer la notable influence qu'ont sur les dits chiffres certaines particularités (intégrité du volume, vélin, reliure, provenance illustre, etc.) Est-ce qu'on n'a pas vu, à cause de sa reliure aux insignes de Longepierre, un exemplaire du *Comte de Gabalis*, non de l'édit. originale, mais de la réimpression de 1710, in-12, adjugé 3,100 fr., plus les frais, à la vente de Ganay, en 1881 ?

toujours affaire à des manuscrits, la *Bible* de Mayence, sans date, fut vendue à Paris, environ 1,800 fr. de notre monnaie. Mais quand on eut daté les incunables, ils n'obtinrent plus que des prix inférieurs : un *St-Augustin,* « de Civitate Dei, » Mayence 1473, se vendait encore environ 400 fr., valeur actuelle ; puis on tomba, dès 1477, à 200 francs pour un in-f° ; et enfin, en 1493, à 40 fr., somme réduite peu après à 12 ou 15 fr. pour un in-4°. Ces derniers chiffres devinrent les prix moyens des grands formats jusqu'aux environs de 1520 [1]. Nous voilà loin de la valeur des livres dont je rapportais les enchères tout-à-l'heure. La Méjanes ne possède pas, à vrai dire, de ces exemplaires rothschildiens ; mais n'a-t-elle pas le *Catholicon* de 1460 et l'*Hypnerotomachia* de 1499, vendus en 1882 (déjà loin de nous) 7,125 fr. et 14,100 fr. ?

Oui, Messieurs, dans cette collection remarquable que le zèle de M. Vidal a reconstituée et dont il vous a offert le catalogue, très intelligemment dressé, à mon sens, d'après la méthode Gabriel Martin, consacrée par l'illustre auteur du *Manuel*, dans cette collection, dis-je, on rencontre des pièces fort marquantes et quelques-unes (particularité inestimable) avec leur reliure originaire.

Je ne puis, dans un rapport comme celui-ci, descendre à l'analyse scientifique de ces volumes, et je le regrette sincèrement ; mais je me fais honneur de vous en signaler quelques-uns au passage, front découvert, avec respect,

---

(1) Le *premier* catalogue officinal fut publié par Alde Manuce en octobre 1498. Ses prix étaient de 13 à 25 fr. pour un in-fol., de 500 à 1,000 pages.

comme il convient à un bibliophile convaincu qui a le zèle des églises où de nouvelles doctrines ont apporté une nouvelle foi et de nouvelles lumières. Heureusement on peut être Luther, chez nous, sans être taxé d'hérésie, — au contraire.

Je vous signale donc, Messieurs :

La *Bible* (Venise, 1476) de Nicolas Jenson, cet admirable perfectionneur qui, vingt ans à peine après le *fiat lux* gutenbergien, créa les caractères adoptés par la typographie moderne (dans son *Justin* de 1470).

Le *St-Augustin* (Cité de Dieu) édit. de Rome, 1470 (vendu à Londres 2,250 fr. en 1883) [1].

L'*Explication du Psautier* par le cardinal de Torquemada, édit. mayençaise donnée par Pierre Schoiffher [2] en

---

(1) Un des meilleurs livres à consulter sur les premières productions de la typographie romaine est le précieux et exact ouvrage : *De optimorum scriptorum editionibus primis romanis, auctore Aug. Mar. Card. Quirini.* Lindaugiæ, 1761, in-4°.

(2) C'est aussi Pierre Schoiffher, cet associé de génie dans l'admirable découverte de Gutenberg, qui imprima le *Psautier* de 1457, dont j'ai fait mention ci-dessus. Ce *Psautier* de 1457 ne fut pas seulement le premier livre imprimé où apparaît le nom de l'imprimeur et la date de l'impression, mais c'est encore le *premier* livre dont les capitales et initiales des chapitres soient imprimées. Or ces capitales sont souvent bicolores et, qui plus est, « obtenues d'un seul coup de barreau. » (Voy. les curieux détails donnés à cet égard par M. Paul Madden dans ses *Lettres d'un bibliographe*, 3e série, p. 75 et suiv.). Aussi l'artiste s'en fait honneur ; il est à remarquer, en effet, que le colophon débute ainsi : « *Presens Psalmorum codex*, VENUSTATE CAPITALIUM DECORATUS, » etc. Schoiffher n'a point borné là d'ailleurs les efforts de son génie inventif : vers 1470, il inaugurait le *prospectus* de librairie, annonçant dans un feuillet, imprimé sur papier, la publication, qui eut lieu effectivement, pour Saint-Michel (29 septembre) 1470, des *Lettres de saint Jérôme*. Il y fait valoir, tout comme nos modernes éditeurs, qu'il sera plus complet, plus correct, plus beau d'aspect

1474, fort rare ; Guill. De Bure l'indique comme édition princeps ; mais c'est une erreur : Laire mentionne une édition de 1470 (Rome, Ulrich Hahn). Les ouvrages du cardinal Jean de Torquemada ont été imprimés 36 fois dans les trente dernières années du XVe siècle ; dans ce chiffre, l'*Explicat. du Psautier* compte pour vingt. C'est ce même Torquemada, prieur de la célèbre abbaye bénédictine de Subiaco, près Rome, qui eut la gloire d'y accueillir, avec les encouragements et peut-être à l'instigation de Pie II (Æneas Sylvius que je citais plus haut), les *premiers* importateurs en Italie de l'art typographique ; mais ceux-ci, à leur tour, on eu l'honneur insigne (on ne me chicanera pas l'épithète, je pense) de publier le *premier* livre avec *Préface* (Aulu-Gelle, *Rome*, 1469).

Les *Heures* de Pigouchet (1488) et celles d'Ant. Vérard (1500), ces livres si recherchés de tout temps.

Le *Bréviaire* d'Aix, Lyon, 1499 ; exemplaire *unique* sur vélin. Un joyau précieux celui-là ; car si nous en jugions par le prix qu'obtint à la vente Beckford, en 1883, le *Bréviaire Romain* de Venise, Nicolas Jenson, 1478 (6,438 fr. 75)[1], et les autres folies que font MM. les Anglais pour les anciennes publications liturgiques, d'ail-

---

que ses concurrents, et il met en garde le futur acheteur contre les surprises de la contrefaçon. M. Paul Madden (*l. c.*) a traduit en partie ce document latin, qui est imprimé en entier dans le *Serapeum* de Leipzig, année 1856, p. 339. J'en rapproche volontiers un bien curieux *dialogue-réclame* placé en tête de la *Concordance de la Bible*, édit. Froben, 1496, traduit dans Didot, *Typographie*, col. 673-74.

(1) G. Brunet, *La Bibliomanie en 1883*, p. 2.

leurs dignes de recherche et aujourd'hui très étudiées [1], le Bréviaire d'Aix pourrait atteindre une dizaine de mille francs [2].

L'*Etymologicum magnum* de Calliergi, édition de Venise, 1499 ; impression grecque fort rare ; volume en belle reliure du temps. Sur Zacharias Calliergi, l'émule d'Alde Manuce, et sur *Etymologicum*, chef-d'œuvre typographique, dont l'apparition fut un évènement, il faut lire les très intéressants et importants détails donnés par Didot, dans son beau livre *Alde Manuce*, 1875, p. 544-61.

La *Somme rurale* de Jean le Boutillier, édition de Lyon, Arnollet, 1500. C'est un curieux corps de droit pratique du temps et du pays où vivait l'auteur, au sujet duquel je renvoie aux *Trouvères de Flandres* d'Arthur Dinaux (t. 2, p. 287 et suiv.) L'ouvrage eut en son temps un succès attesté par un nombre considérable d'éditions. Ce livre est aujourd'hui très recherché. A la vente Taillandier il fut adjugé à 5,000 fr.; précédemment, en 1858, il avait déjà obtenu 2,915 fr.

Le *Recueil des privilèges des Cisterciens* (Dijon, 1491, in-4°). Précieux livre, le *premier* imprimé à Dijon.

---

(1) Voir, en particulier : les études de M. Soleil ; la très curieuse et érudite monographie de M. Pellechet, intitulée : *Notes sur les livres liturgiques des diocèses d'Autun, Châlon et Mâcon, avec un choix de leçons, d'hymnes et de proses* ; Paris, 1883, in-8°, de XII et 540 pp. ; et la bibliographie si bien faite, fort rare et non mise dans le commerce, de M. Anatole Alès (un fort volume in-8° avec supplément) : *Descript. de livr. de lit.*, 1878-84.

(2) Voici un petit relevé, curieux et instructif sur ce sujet : à la vente Henry Perkins, déjà citée, on a vendu, le *Missel* et le *Bréviaire* mozarabes réunis (1500 et 1502) in-f°, 7,448 fr. 75 c.; le *Missel Romain* de 1496, 10,000 fr.; enfin le *Missale sec. rit. Augustensis ecclesiæ*, 1555, l'un des exemplaires en vélin, 4,545 fr.

Le *Vocabularius breviloquens;* Argentinæ, 1496, in-8°, don de notre confrère M. Paul Arbaud. La bibliothèque d'Aix garde avec reconnaissance ce présent de l'amateur si libéral et si distingué qui fait revivre parmi nous Peiresc et de Méjanes.

L'*Esope moralisé* de 1490, in-4°, édition qui a échappé aux recherches de J.-Ch. Brunet.

Le célèbre *Catholicon* de Jean Balbi, de Gênes, le *premier livre avec date* sorti des ateliers mayençais de Gutenberg [1]. C'est une sorte d'Encyclopédie philologique et non pas un ouvrage de théologie, comme on serait tenté de le croire [2]. Il renferme des études de grammaire, orthographe, étymologie, syntaxe, prosodie et rhétorique, et un Dictionnaire latin ; ce dictionnaire occupe à lui seul les trois-quarts du volume. Cette compilation, alors fort en vogue, a eu de très nombreuses éditions au XVe siècle [3], mais celle-ci est de beaucoup la plus précieuse. Elle constitue un des monuments les plus importants et les plus étudiés dans la question des origines typographiques, et vous me permettrez de vous rapporter, en la traduisant, la belle et curieuse souscription qui termine ce vénérable témoin des efforts de Gutenberg,

---

(1) Car les *Psautiers* de 1457 et de 1459 sont de P. Schoiffher. Pour la description de ce livre fameux, voir la *Biblioth. Spenceriana*, t. 3, p. 32. Aug. Bernard en a donné un fac-similé dans ses *Origin. de l'Imprimerie*.

(2) Ainsi, dans un ouvrage d'*enseignement* tout récent sur *le Livre*, je trouve cette réflexion à propos du *Catholicon* : « Il ne paraissait pas à ces premiers typographes que leur art put servir à autre chose qu'à la diffusion d'œuvres religieuses ! »

(3) On en compte une vingtaine dans Panzer. L'édition que possède la Méjanes est d'un grand prix. Un exemplaire sur vélin fut acheté 10,000 fr. pour M. Solar, vers 1856 (V. *Plaidoirie de Me Ploque pour M. Solar*. 1858, p. 11).

à qui on l'attribue presque sans conteste aujourd'hui : « C'est avec l'aide du Très-Haut qui délie la langue des enfants et qui révèle souvent aux petits ce qu'il cache aux hommes de science, que fut terminé ce livre admirable du *Catholicon*, l'an de l'Incarnation du Sauveur 1460, dans l'auguste cité Mayençaise, insigne ville de l'Allemagne que Dieu, dans sa clémence, a daigné rendre la plus illustre et la première entre les autres cités des nations de la terre. Et ce livre fut parfait sans le secours ordinaire de la plume, mais par le merveilleux enchaînement des types mobiles et des formes. Qu'ici Père saint, Fils et Saint-Esprit, Dieu unique en trois personnes, honneur et louange vous soient rendus, et qu'en applaudissant à ce présent livre nous en faisions rejaillir la gloire sur l'Église catholique, sans oublier d'honorer Marie pleine de pitié [1]. »

Après ce vénérable livre, je voudrais pouvoir vous montrer le *Cicéron* de Fust et Schoiffher donné à Mayence, en 1464, et qui est la *première* édition venue au monde d'un classique ancien ; ou encore ces *Lettres familières* du même

---

(1) Cf. le colophon de la *Bible* de Mayence, 1472 (imprimée par P. Schoiffher.) Le rapprochement est intéressant. Il y est encore parlé de ce glorieux privilège de Mayence « *quam Dei clementia, tam alti ingenii lumine, donoque gratuito, ceteris terrarum nacionibus preferre illustrareque dignata est.* (V. *De Bure*, l. c., t. Ier, p. 48). Ainsi la découverte nouvelle fut accueillie comme un don de Dieu, et il y eut un admirable et touchant élan de reconnaissance des imprimeurs faisant écho aux actions de grâces du public. Cette reconnaissance ne cesse de se manifester dans cent curieux passages des colophons primordiaux ou dans les pièces qui accompagnent les plus anciens incunables. J'en citerai des exemples, à la portée des lecteurs, dans P. Madden (l. c, p. 88, 89, 95), et dans Didot, *Essai sur la typ.*, 1851, col. 570, 634 et alias. L'écho se prolonge dans les belles devises qui accompagnent les marques de nos vieux imprimeurs : voy. Silvestre, *Marques typographiques*, passim.

Cicéron qui furent, en 1469, les débuts de la typographie à Venise, berceau le plus illustre par son importance, de la découverte nouvelle ; la Méjanes possède du moins les *Œuvres oratoires* du Maître de la parole chez les Latins, édition de Venise 1480.

Un peu avant cette date, Guillaume Fichet, un savoisien devenu recteur de la Sorbonne, eut l'idée d'appeler à Paris des initiateurs allemands de l'art typographique. Il se concerta pour cela avec Jean Heilin, natif de Stein, qui lui succéda en 1468 dans la rectorerie. On vit alors à Paris, comme autrefois à Mayence, trois associés former cet atelier sorbonnien *(in Ædibus Sorbonnicis)* d'où devait sortir la plus illustre et la plus féconde maîtrise de typographie qu'ait vue le seizième siècle, et qui n'a guère dégénéré depuis. Si la Méjanes n'a pas les fameuses *Lettres* de Gasparin de Bergame, *premier* livre parisien publié en 1470, elle peut s'enorgueillir de posséder la *Rhétorique* de Guillaume Fichet, imprimée peu après, en 1471, in-4°, par les trois maîtres que Fichet lui-même avait attirés à Paris, Ulrich Gering, Martin Krantz et Michel Freyburger.

Je veux encore vous signaler parmi les anciens : le *Lucain* et le *César*, de Venise (1475 et 1482) ; l'*Aristophane*, édition très rare, la *première* de cet auteur, et le *Lucrèce*, édition fort belle (1498 et 1500), deux glorieux volumes entre ceux publiés par Alde Manuce, cet admirable restaurateur des lettres grecques, l'un des plus grands hommes dont puisse s'honorer le XVe siècle. Enfin, je ne veux pas oublier de donner une mention aux *Études de grammaire grecque* du célèbre Constantin Lascaris, volume d'une insigne rareté, sorti aussi des presses d'Alde Manuce, et le *premier* qu'il ait publié avec date, 1494 (1495, n. st.), in-4°.

Enfin, parmi les écrits en latin moderne, citons aussi la traduction *(Stultifera navis)* de l'œuvre morale, « empreinte d'un esprit très philosophique et libéral, » du vieux Sébastien Brandt. L'exemplaire (en latin) de la Méjanes, de la *Nef des fous du monde*, est de la rare édition de Bâle (1497). « Les gravures en bois très remarquables dont « elle est ornée, la recommandent aux curieux, » dit l'auteur du Manuel (1). Les réimpressions, les abrégés, les traductions, les imitations se reproduisirent à l'infini ; on en peut voir l'énumération dans le *Trésor* de Graësse (t, Ier). L'ouvrage en allemand parut en 1496 ; la première traduction française (en vers), par Pierre Rivière, de Poitiers, fut publiée la même année que la traduction latine, en 1497, à Paris.

Je passe maintenant aux volumes français, en notant que si le *premier* livre imprimé en France est le recueil des *Lettres* de Gasparin de Bergame, que je citais tout à l'heure, le *premier* livre imprimé en français, sans date, est l'ouvrage : *Histoires de Troyes*, de Raoul le Fèvre (Cologne, vers 1466).

La Méjanes nous offre une série des plus remarquables d'incunables français. Je me borne à vous en signaler quelques-uns, ne pouvant ici passer en revue tous ceux qui le mériteraient :

Je dirai d'abord un mot de l'*Arbre des Batailles* (pré-

---

(1) Cf. F. Didot, *Catal. raisonné*, grav. sur bois ; 1867, col. LXXXIV-V.

cieuse édition de 1493, in-f°), parce que l'auteur Honoré Bonnor ou de Bonnor est, je crois, un provençal, et qu'il a été fait de son ouvrage une traduction provençale restée inédite [1]. A la vente Yemeniz, un exemplaire dont le titre était défectueux fut vendu cependant 1,800 fr.; et, en 1878, à l'une des ventes Didot, un autre exemplaire, en reliure moderne, atteignit 2,050 fr.

Mentionnons maintenant :

Le *Mystère de la Passion* de Jean Michel, 1486 ; précieuse et *première* édition de cette célèbre œuvre dramatique. Sur cette édition, il faut consulter le *Manuel*, qui a reproduit en partie la notice de la *Bibliothèque instructive* de Guillaume De Bure, en confirmant les doutes judicieusement formulés par celui-ci [2].

Le *Grant testament* de Villon (Paris, 1489), édition princeps, infiniment rare et précieuse.

Le *Doctrinal du temps présent* de Pierre Michault (Bruges, in-f°). C'est un des nombreux poèmes allégoriques dont nos pères étaient si friands ; cette édition est la *première* et la plus rare.

Le curieux *Livre de Mathéolus* (édit. d'Antoine Vérard, 1492), réimprimé de nos jours et sur lequel on peut con-

---

(1) Voy. Paulin Paris, *les Manuscrits français*, t. 5, pages 101 et 307.

(2) Qu'il me soit permis de protester ici, contre les acrimonies et les virulences, amusantes parfois mais pas toujours fondées, du méchant abbé Rivé vis-à-vis de l'auteur de la *Bibliographie instructive*. Ce livre n'est pas toujours exact, c'est vrai ; mais il est remarquable à sa date et il ne mérite point le dédain et l'oubli où il est tombé. J.-Ch. Brunet ne s'est pas fait faute d'y puiser ; il a eu raison.

sulter une bonne notice du *Bulletin du Bibliophile*, 1851, p. 375 et suiv.

Les *Lunettes des princes* de Jean Meschinot (Simon Vostre, 1495), édition fort rare, entre les nombreuses éditions de cet ouvrage lourd et diffus. C'est encore un poème allégorique : la *Raison* apparaît à l'auteur ; elle lui offre un livre dont le titre est *Conscience* et, pour y lire, des *lunettes* dont l'un des verres a nom *Prudence*, l'autre *Justice ;* le clou (rien de notre argot moderne) le clou qui réunit les deux verres de lunettes, c'est *Tempérance*. Or tout homme est *prince* de lui-même et il ne doit jamais quitter ni le *livre*, ni les précieuses *lunettes*. J'ai cru devoir donner ici cette brève analyse ; elle établit l'exactitude de ce que je dirai tout à l'heure sur l'empire que prit alors la science, sur la domination du LIVRE, qui inspire, vous le voyez, une des allégories les plus goûtées de ce vieux temps, une de celles qui eurent la plus rapide vogue. Quant à cette vogue, elle est aussi incontestable qu'en apparence inexplicable. Pour bien connaître le XVe siècle il faut donc écarter la méprisante ignorance qui a couvert d'oubli ces vieux volumes ; ce sont pour nous des documents, dont l'importance est souvent attestée par un immense succès.

Le *Château d'amour* de Gringore (1500) ; il ne faut pas confondre cet ouvrage avec le *Château de labour* du même poète, qui a eu aussi de nombreuses éditions, toutes aujourd'hui précieuses.

Enfin, les célèbres *Chroniques de France*, dites de Saint-Denis, éditées par Antoine Vérard, en 1493, *premier* livre imprimé en français à Paris et qui a souvent passé pour le *premier* ouvrage imprimé *en français* en France ; c'est une erreur : cet honneur doit être revendiqué pour l'*Ancien Testament*, imprimé à Lyon chez Bartholomieu (et non Barthélemy) Buyer, en 1472 (1). Récemment un exemplaire défectueux des *Chroniques* s'est vendu 2,900 fr. ; mais un exemplaire sans reproche avait atteint 8,050 fr. à l'une des ventes du libraire Potier, en 1870.

Je pourrais, Messieurs, allonger cette nomenclature, mais c'est déjà trop, car je n'ai pas le loisir d'y mettre tout l'intérêt que le sujet comporte. Il en serait autrement si je pouvais exhiber ici quelques-uns de ces vénérables volumes, et vous faire admirer la perfection où arriva du premier bond l'art typographique en tous ses détails si compliqués (2); — si je vous disais l'ardeur des vieux maîtres qui se révèle par la mise au jour, en quelques années, de tous les classiques anciens, de tous les grands ouvrages dans tous les genres (3); — si je vous montrais le public

---

(1) V. le *Bibliophile illustré* de Berjeau ; Londres, 1862, p. 26, et le *Manuel*, t. 1, 883 et V, 746.

(2) Commercialement, on avait, je l'ai dit, les *marques*, les *prospectus*, la *réclame ;* le XVe siècle vit aussi l'apparition des *privilèges* « qui eurent d'abord pour objet la conservation du droit de propriété » mise en péril dès ce temps où, par exemple, les Juntes eux-mêmes se livraient aux contrefaçons les plus déloyales. Petit-Radel reporte à 1492 le *premier privilège*, qui fut l'œuvre du Sénat de Venise. Ce qui est certain, c'est qu'Alde Manuce, le 25 février 1496, adressait une supplique à « l'illustre Seigneurie, » dans le but d'obtenir un privilège pour tous ses livres grecs et latins.

(3) Dans le dernier quart du XVe siècle, Alde l'ancien et la pléiade de savants dont il sut s'entourer, ont donné un merveilleux exemple de cette activité indéfectible et admirablement disciplinée, dont il faut lire les étonnants résultats dans le livre de Didot. Pour la même période, je prends sur un point opposé de la vieille Europe, un autre exemple notable, celui de Jean de Westphalie, le célèbre imprimeur de Louvain, qui, dans les 28 ans de sa carrière typographique, a publié 120 ouvrages.

empressé autour de ces surprenants ateliers et laissant voir les courants de son activité intellectuelle et de ses préférences, par l'accueil qu'il faisait aux livres nouveaux. La remarque en est bien curieuse ; c'est ainsi que de 1454 à 1500, il a été publié :

201 éditions de Saint-Thomas d'Aquin ;
166 de Cicéron (dont 53 des Lettres familières) ;
147 de Savonarole ;
145 d'Aristote ;
135 de Saint-Augustin ;
121 d'Albert-le-Grand ;
104 de Voragine (la Légende dorée) ;
99 de Virgile (textes ou traductions) ;
94 d'Ovide (dont 37 pour les Héroïdes) ;
75 de Térence ;
67 de Saint-Bernard ;
64 de Juvénal ;
60 de Sénèque ;
58 d'Horace ;
51 de l'Imitation ;
45 de Salluste ;
43 de Saint-Jérôme ;
38 de Saint-Jean-Chrisostôme ;
35 de Plutarque ;
24 de Martial ;
23 de Lucain ;
22 de Tite-Live ;
20 de Quintilien ;
15 de César ;
12 de Tacite ;

12 de Plaute ;
7 de Lucrèce.

Ajouterai-je que parmi les 379 ouvrages imprimés en français de 1466 à 1500, et dont un bibliographe, M. Gustave Brunet, a donné le savant catalogue analytique, 87 intéressent la Théologie, 10 la Jurisprudence, 46 les Sciences et les Arts, 49 l'Histoire et 187 les Belles-Lettres, parmi lesquels les poëtes comptent pour 116, les romanciers et les conteurs pour 49, les œuvres théâtrales pour 10.

Mais une remarque encore plus intéressante pour nous, Messieurs, c'est que, d'après les recherches de M. F. Vidal, et sans compter certainement les œuvres nombreuses qui peuvent être égarées dans les recueils de la Méjanes, sur 127 ouvrages inventoriés par notre confrère : 30 appartiennent à la Théologie, 7 à la Jurisprudence, 13 aux Sciences et Arts, 43 aux Belles-Lettres, 34 à l'Histoire. Voilà qui fait honneur au goût du fondateur de notre grande bibliothèque aixoise.

J'aurais encore de curieuses remarques à faire. C'est ainsi que presque tous les incunables, et ceux de la Méjanes en font foi, sont des livres aux gigantesques proportions (1). La science dont les sources venaient de se renouveler avait sa légion d'apôtres et de fidèles insatiables ; tout cela formait un public nombreux, grave et naïvement convaincu. Les in-folios, les énormes formats convenaient

---

(1) *Volumer* c'était composer, écrire, dans la langue du XVme siècle, et l'auteur pas plus que le lecteur ne se lassaient à ces immenses volumes, d'où je crois bien qu'est venu en droite ligne notre adjectif *volumineux* que justifient si amplement les incunables.

à de telles gens et à ces temps où l'étude sérieuse, austère, passionnée froidement, et jusqu'à la pédanterie, s'enfermait dans ses *librairies,* accoudée au vaste pupitre, rivée sur la raide *chaire,* peu favorable aux méditations légères ou fantaisistes. Il y a aussi loin du cabinet d'un Bessarion, d'un Chartier, d'un Martial d'Auvergne du XVe siècle, à celui d'un Goncourt du XIXe, que de l'énorme *Catholicon* de Gutenberg, aux in-18 élégants de Jouaust et de Lemerre.

Mais arrêtons-nous ici : en tout il faut se borner. J'impose silence à mes goûts personnels qui ont trop envahi une place qui appartient aux conclusions de votre Commission.

Je reviens donc à ces conclusions.

J'ai rappelé, Messieurs, à nos confrères, mes collègues de la Commission, que lorsqu'Arthur Dinaux composa sa *Bibliographie Cambrésienne*, la Société d'émulation de Cambrai s'empressa d'accueillir ce travail et de le publier dans ses Mémoires (1822). Votre Commission est d'avis que l'Académie en use de même avec M. Vidal dès que le permettra notre budget, malheureusement à court de ressources en ce moment.

En outre, votre Commission, applaudissant à l'initiative si digne d'éloges du Ministère de l'Instruction publique, et appelant le concours des Autorités administratives qui ne saurait en cela nous faire défaut,

ÉMET LE VOEU que les Incunables de la Méjanes, après

avoir été classés d'après la méthode de Gabriel Martin et par ordre chronologique dans chaque classe, soient groupés et conservés dans une annexe au grand meuble qui occupe le milieu de la seconde salle de la bibliothèque Méjanes, où ils formeront, avec les livres armoriés et les autres livres exceptionnellement remarquables au point de vue de la décoration, de la reliure, etc., un véritable musée bibliographique.

Enfin, votre Commission demande que dans ce riche cénacle de curiosités bibliographiques soient admis :

Premièrement, les plus rares produits des presses françaises ou étrangères durant les vingt-cinq premières années du XVIe siècle ;

Secondement, la belle collection Aldine qu'avait formée le généreux fondateur de la Méjanes ;

Troisièmement, tous les premiers produits typographiques, ou incunables locaux, de la région provençale.

[illegible]

[illegible]

VŒU DE L'ACADÉMIE

Ce Rapport entendu,

L'ACADÉMIE, après délibération, adopte à l'unanimité les conclusions de la Commission, et vote l'impression du Rapport de M. Mouravit.

En conséquence elle émet le vœu :

Que LES INCUNABLES DE LA MÉJANES *et les raretés typographiques signalées au rapport soient classés, réunis et exposés en des vitrines spéciales dans la grande salle de la Bibliothèque publique d'Aix, où ils formeront un vrai musée bibliographique.*

L'Académie décide en outre, pour hâter la réalisation de ce vœu, que sa délibération, précédée du rapport de la Commission, sera adressée à MM. les maire, adjoints et conseillers municipaux de la ville d'Aix, à MM. les membres de la commission administrative de la bibliothèque Méjanes; à M. le ministre de l'instruction publique et des beaux-arts; à MM. les membres du comité des travaux historiques et des sociétés savantes; à M. le recteur de l'académie universitaire d'Aix, à M. le préfet des Bouches du Rhône et à M. le sous-préfet d'Aix.

Certifié conforme au registre des délibérations, séance du lundi 18 mars 1889.

Le Président,
Signé : CHARLES DE RIBBE.

Le Secrétaire,
Signé : HIPP. GUILLIBERT.

www.ingramcontent.com/pod-product-compliance
Ingram Content Group UK Ltd.
Pitfield, Milton Keynes, MK11 3LW, UK
UKHW020952220726
13924UKWH00002B/635

9 782019 932251